ORDONNANCE

RELATIVE AU NOUVEL UNIFORME

SUIVIE

DES PRINCIPALES DISPOSITIONS DES LOIS DES 21 MARS 1831
ET 14 JUILLET 1837.

Prix : 15 centimes.

PARIS

AUX BUREAUX DU SIÈCLE,
Rue du Croissant, 16.
1846

SIRE,

Depuis long-temps [la garde nationale du département de la Seine exprime généralement le vœu de voir apporter quelques modifications dans l'uniforme déterminé par l'ordonnance royale du 29 septembre 1831.

Ce vœu n'est point inspiré par le seul désir de se rapprocher de l'uniforme de l'armée, à laquelle l'unissent d'honorables sympathies, mais bien par un besoin profondément senti , qu'il importe de satisfaire dans l'intérêt de l'institution même.

Une commission, composée d'officiers de la garde nationale de Paris et de la banlieue , a été chargée , sous la présidence de M. le lieutenant général commandant supérieur, d'étudier attentivement cette question , au double point de vue de son opportunité et de son exécution pratique.

Cette commission a reconnu , après un examen approfondi, qu'il était devenu urgent d'adopter les modifications demandées, en conservant à la nouvelle tenue toute la nationalité de l'ancienne, et en ne faisant subir à l'uniforme que les seuls changemens qui puissent se concilier avec le double intérêt de l'économie et de l'unité.

L'ordonnance royale du 29 septembre 1831, qui a déterminé l'uniforme et l'équipement de la garde nationale de Paris et de la banlieue, et qui a été rendue obligatoire par la loi spéciale du 14 juillet 1837, indique quatre tenues, savoir : grande et petite tenue d'été, grande et petite tenue d'hiver. Cette complication rend l'uniforme très coûteux et impose à la garde nationale des sacrifices d'autant plus onéreux , qu'ils se joignent à ceux du service ordinaire, qu'elle accomplit chaque jour avec un zèle et une exactitude qui ne se sont point affaiblis.

On a constaté, du reste, qu'un certain nombre de citoyens n'ont pris de l'uniforme que ce qui constituait strictement la tenue prescrite à l'époque de l'année où ils étaient incorporés, et, comme la tenue varie plusieurs fois dans l'année, il en résulte dans les rangs une disparate, un défaut d'ensemble, qui offre divers inconvéniens, et qui, d'ailleurs, ne peut qu'influer d'une manière fâcheuse sur l'action morale de la garde nationale, action morale qu'il importe de lui conserver, car c'est par elle que cette grande institution a pu rendre des services immenses au pays, à la royauté constitutionnelle, à la liberté et à l'ordre public.

De plus, à Paris surtout, les mutations d'arrondissement à arrondissement sont fréquentes, et le garde national qui passe d'une compagnie dans une autre est soumis à des changemens plus ou moins considérables, plus ou moins dispendieux, qui amènent presque toujours des difficultés nuisibles au bien du service.

Ces diverses considérations ont déterminé la commission à proposer les dispositions suivantes :

La première, conforme à l'opinion presque unanime dont les chefs de toutes les légions sont venus apporter l'expression, consiste dans l'adoption d'une seule tenue, à l'instar de ce qui a été prescrit en dernier lieu pour l'armée.

En conséquence, au lieu du double vêtement (l'habit et la capote), qui constitue l'uniforme actuel de la garde nationale, la commission propose une tunique bleue, boutonnant droit sur le devant, descendant au-dessous du genou, avec liseré rouge, collet rouge portant, en blanc, les signes distinctifs de l'arme, paremens rouges, pattes blanches garnies de trois boutons.

Cette tunique se rapprocherait ainsi, à la fois, du costume le plus habituel dans la vie privée et de l'habit ou de la capote d'uniforme actuel, sans en avoir les inconvéniens généralement reconnus.

Elle serait, de plus, d'un prix peu élevé ; car elle ne coûterait que 35 fr. environ, et serait facilement confectionnée avec les anciens uniformes, à des prix également fort modiques, qui ont été fixés, par les hommes du métier, à 8 fr. pour la transformation de la capote, et de 12 à 15 fr. environ pour celle de l'habit.

Le pantalon d'uniforme serait bleu avec liseré rouge. Le prix peut en être évalué à peu près à 17 fr.

Un schako, légèrement conique, réunissant toutes les conditions de commodité et d'économie, serait la coiffure des chasseurs, qui forment l'arme la plus nombreuse.

Ce schako conserverait la plaque actuelle, portant un coq relié de branches de chêne et de laurier. Il aurait un bord supérieur, rouge pour les chasseurs, et jaune pour les voltigeurs, lorsqu'une compagnie de cette dernière arme serait autorisée à l'adopter, en remplacement du bonnet à poil, conformément aux dispositions de l'ordonnance royale du 4 mars 1841. La transformation de l'ancien modèle coûterait à peine 2 fr.

Le bonnet à poil, auquel tiennent de glorieux souvenirs, serait maintenu pour les grenadiers, dont la place est toujours fixée à la tête de chaque colonne, et ne subirait que de légers changemens dans la hauteur et la dimension , de manière à le rendre moins lourd, moins coûteux et d'un usage aussi facile que le shacko.

Il n'y aurait plus qu'un seul bouton pour toutes les armes de l'infanterie; il porterait le coq et la devise : *Liberté, ordre public*.

Enfin , l'armement des officiers serait le même que celui qui a été déterminé pour l'infanterie légére de l'armée, par la décision ministérielle du 4 mars 1845.

Ces modifications dans l'ensemble de l'uniforme, tel qu'il existe en vertu de l'ordonnance royale du 29 septembre 1831 , ne feraient point obstacle, toutefois, à ce que les dispositions de cette ordonnance qui sont particulièrement relatives à l'équipement , prissent place dans le nouveau réglement.

Ainsi, par exemple , les buffleteries, que des raisons qu'il appartenait à l'administration de la guerre d'apprécier ont fait supprimer dans l'armée, seraient conservées pour la garde nationale. On ne les porte point assez fréquemment ni assez longtemps pour qu'il en résulte réellement de la gêne ou de la fatigue ; elles complètent d'ailleurs la réunion des trois couleurs, que l'uniforme de la garde nationale doit toujours rappeler, et leur remplacement serait, de plus, fort onéreux. Ici encore la convenance s'allie avec la nécessité d'une sage économie.

D'après tous les renseignemens que j'ai pu recueillir, j'ai été à même de reconnaître que ces modifications satisferont aux besoins constatés et aux vœux exprimés dans les différentes légions de la Seine ; qu'elles présenteront de l'économie pour la dépense de l'habillement , surtout à l'égard des citoyens nouvellement recensés, et qu'elles s'effectueront avec facilité.

J'ai cru devoir, dès lors, formuler en projet d'ordonnance réglementaire les propositions que m'a soumises la commission présidée par M. lieutenant général Jacqueminot, commandant supérieur, afin que, revêtues de la sanction de Votre Majesté, conformément à l'art. 68 de la loi du 22 mars 1831, elles acquièrent, à l'égard des gardes nationaux du département de la Seine , le caractère obligatoire que l'ordonnance royale du 29 septembre 1831 possède aujourd'hui , en vertu de l'art. 19 de la loi du 14 juillet 1837.

Toutefois, bien qu'il y ait lieu d'espérer que les changemens apportés à l'uniforme seront généralement effectués dans un assez court délai, à cause des avantages qu'ils présentent, et qui ne peuvent manquer d'être appréciés par l'excellent esprit de la garde nationale, j'ai pensé, Sire, suivant l'avis de la commission, qu'il serait juste et convenable d'accorder une année aux gardes nationaux actuels pour accomplir les prescriptions réglementaires du nouvel uniforme. Cette tolérance d'une année avait été concédée par l'ordonnance du 29 septembre 1831. Elle ne serait point applicable aux nouveaux recensés. En conséquence une disposition expresse, celle de l'art. 2, porterait qu'après le délai d'une année, à partir de la promulgation du nouveau réglement, toutes ses prescriptions seraient obligatoires sous les peines prévues par la loi du 14 juillet 1837.

Je suis avec un profond respect,

Sire,

De Votre Majesté,

Le très humble, très dévoué et très fidèle serviteur,

Le ministre secrétaire d'Etat au département de l'intérieur,

T. DUCHATEL.

ORDONNANCE DU ROI.

LOUIS-PHILIPPE, Roi des Français,

A tous présens et à venir, salut.

Vu l'art. 68 de la loi du 22 mars 1831 sur la garde nationale ;

Vu l'art. 19 de la loi du 14 juillet 1837, relative à la garde nationale du département de la Seine ;

Vu nos ordonnances des 29 septembre 1831 et 4 mars 1841 sur l'uniforme de la garde nationale de Paris et de la banlieue;

Considérant qu'aux termes de l'article ci-dessus visé de la loi du 15 juillet 1837, et sauf l'exception qui y est prévue, l'uniforme est obligatoire dans la garde nationale du département de la Seine ; que, dès-lors, il importe que les sacrifices demandés aux citoyens ne dépassent point les limites dans lesquelles il est possible de concilier la nécessité d'une tenue convenable et uniforme avec le besoin d'une sage économie ;

Sur le rapport de notre ministre secrétaire d'État de l'intérieur,

Nous avons ordonné et ordonnons ce qui suit :

Art. 1er. L'habillement, la coiffure, l'équipement et l'armement des gardes nationaux, sous-officiers, officiers et états-majors des légions d'infanterie de la garde nationale de Paris et de la banlieue sont déterminés conformément aux dispositions suivantes :

1° GRENADIERS.

Habillement.

Tunique en drap bleu, boutonnant droit sur la poitrine, au moyen de neuf gros boutons d'uniforme, et couvrant le genou à environ 500 millimètres de terre ; passe-poil écarlate ; collet échancré de 105 millimètres et agrafé, écarlate et doublé de même couleur, orné de grenades blanches. Paremens ronds, hauts de 75 millimètres en drap écarlate, passe-poil écarlate, avec pattes blanches à trois pointes, formées par trois petits boutons, et passe-poil écarlate, hautes de 90 millimètres, larges de 45 mesurées aux pointes, et de 30 millimètres mesurées au milieu des courbes ; poches en long à deux points, figurées par un passe-poil écarlate avec un gros bouton sur chaque pointe ; boutons de métal blanc, à filets, portant un coq au milieu, et autour la légende : *Liberté, ordre public,* du diamètre, les gros de 23 millimètres, les petits de 15 millimètres (ce bouton sera le même pour toutes les armes et pour tous les grades); brides d'épaulettes à fond rouge sur doublure en drap bleu, larges de 12 millimètres ; épaulettes à corps et franges en laine écarlate, et doublées de bleu, retenues par un petit bouton.

Pantalon de drap bleu, passe-poil écarlate, coupé droit et large, tombant naturellement sur les coudes-pieds, rond par le bas et sans ouverture.

Coiffure.

Bonnet à poil en peau d'ours, haut de 350 millimètres, large de 230 millimètres, portant 600 millimètres de tour, sans cordons ni tresses, avec fond écarlate au sommet et grenade blanche haute de 110 millimètres ; gland en laine écarlate de 90 millimètres avec tête en point de Milan ; plaque en métal blanc, avec grenade contenant le numéro de la légion, haute de 120 millimètres, large à sa base de 130 millimètres ; plumet rouge en plumes de coq tombant.

Equipement.

Buffleteries blanches piquées, larges de 77 millimètres ; giberne en cuir ciré, haute de 265 millimètres, large de 270 millimètres, portant au milieu une grenade en métal blanc, de la hauteur de 100 millimètres, sans aucune doublure ; martingale en forme de grenade, longue de 140 millimètres, attachée à la buffleterie du sabre par un bouton en bufle, et non en métal. Couvre-giberne en toile cirée, dite bisonne, portant en imprimé une grenade, l'indication de la légion et celle du bataillon.

Armement.

Fusil d'infanterie avec bretelle de bufle blanche, large de 35 millimètres, longue de 900 millimètres, piquée ; sabre-briquet sans dragonne, orné seulement d'une cravate rouge. Épinglette blanche de 190 millimètres de longueur, attachée au troisième bouton de la tunique.

Fourreau de la baïonnette en cuir noir, garni en cuivre par le bout, attaché à la buffleterie de la giberne.

2° CHASSEURS.

Habillement.

Comme les grenadiers, à l'exception de la grenade, remplacée au collet par le cor de chasse. Epaulettes rouges à corps vert.

Coiffure.

Schako en feutre noir, haut, du devant, de 190 millimètres, et, de la partie opposée, de 220 millimètres ; calot en cuir verni, du diamètre de 160 millimètres ; bord supérieur du schako garni d'un galon écarlate de 35 millimètres ; visière en cuir verni à jonc saillant ; plaque blanche contenant, au milieu, le numéro de la légion, découpé, surmonté d'un coq relié par une branche de chêne à droite et de laurier à gauche, haute de 125 millimètres ; jugulaires en métal blanc, à écailles non détachées, avec cor de chasse sur les attaches ; cocarde nationale en métal, du diamètre de 70 millimètres, fixée au-dessus de la plaque ; pompon sphéroïde en laine rouge, d'une circonférence de 230 millimètres, reposant sur une boule d'une circonférence de 135 millimètres ; gros-bleu pour le premier bataillon ; rouge pour le deuxième ; jaune pour le troisième ; vert-clair pour le quatrième, portant le numéro de la compagnie dans le bataillon.

Equipement.

Comme les grenadiers, à l'exception de la giberne, où la grenade sera remplacée, comme ornement, par un cor de chasse avec grenade au centre.

Armement.

Comme les grenadiers.

3° VOLTIGEURS.
Habillement.

Comme les grenadiers et les chasseurs, le collet de la tunique supportera le corps de chasse et la grenade en blanc. Epaulettes à corps jonquille avec tournante et fanges rouges.

Coiffure.

Comme les grenadiers, à moins que la compagnie n'ait été autorisée à substituer le schako au bonnet à poil, conformément à l'ordonnance royale du 4 mars 1844 ; auquel cas, le schako sera conforme au modèle fixé pour les chasseurs, sauf le galon et le pompon, qui, pour les voltigeurs, seront de couleur jonquille.

Equipement.

Comme celui des chasseurs, excepté que le corps de classe à grenade de la giberne devra porter le numéro de la légion.

Armement.

Comme les armes précédentes.

4° CAPORAUX.

Habillement, coiffure, équipement et armement de leurs armes respectives ; signes distinctifs du grade comme dans l'armée, c'est-à-dire un galon rouge de 22 millimètres de largeur sur 80 millimètres de longueur, traversé d'une raie noire ; épaulettes dont la grosse tournante sera en argent mat.

5° SERGENS-FOURRIERS, SERGENS, SERGENS-MAJORS.

Habillement, coiffure, équipement et armement de leurs armes respectives.

Signes distinctifs dès grades comme dans l'armée, c'est-à-dire, galons en argent lézardé larges de 22 millimètres, longs de 80 millimètres, avec passe-poil écarlate de 1 millimètre de largeur ; épaulettes à corps en argent, tranché par le milieu d'une raie de 35 millimètres de large de la couleur de l'arme ; bordé de trois tournantes en argent et d'un seul rang de franges également en argent ; monté sur franges rouges à graines ; brides d'épaulettes comme les gardes nationaux.

6° SOUS-LIEUTENANS, LIEUTENANS, CAPITAINES.
Habillement.

Comme celui des gardes nationaux de leurs armes respectives.

Brides d'épaulettes et ornemens du collet en argent, brodé en cannetille. Epaulettes, contre-épaulettes du grade, à corps uni, doublées en bleu, avec franges à petites torsades, le tout en argent.

Hausse-col d'uniforme, modèle de l'armée.

Pantalon conforme à celui des gardes nationaux. Dessous de pied.

Coiffure.

Coiffure de l'armée, ornée, pour grenadiers et voltigeurs, du gland en argent suspendu à une ganse du métal, et, pour les grenadiers, seulement, d'une grenade à la calotte, brodée en argent.

Pour les chasseurs, galon d'argent au bord supérieur du schako, de 20 millimètres pour les sous-lieutenans, de 25 millimètres pour les lieutenans, de 30 millimètres pour les capitaines, sans aucun autre ornement. Pompon comme les gardes nationaux.

Armement.

Sabre conforme au modèle déterminé pour l'infanterie légère de l'armée.

Le ceinturon se compose d'une bande et de deux belières, argent et bleu.

L'argent pour la bande de ceinture 42 millimètres, présentant quatre bandes de métal, de 9 millimètres chacune, séparées par trois raies en soie bleu de roi, bon teint, de 2 millimètres, tissées dans le galon ; ce galon est monté sur une ame en cuir, d'une force suffisante, et doublé en maroquin noir, formant passe-poils sur les bords (largeur totale de la bande, y compris les passe-poils, 45 millimètres), les belières sont doublées et montées de la même manière ; le galon d'argent a 22 millimètres de largeur avec une raie bleu-de-roi de 2 millimètres au milieu (largeur totale des belières, y compris les passe-poils, 25 millimètres).

La plaque est en cuivre doré à l'or moulu, et porte en relief un coq en argent, relié à droite et à gauche de branches de chêne et de lau-

Hauteur de la plaque, 55 millimètres ; largeur développée, 55 millimètres ; flèche de la cambrure, 5 millimètres ; longueur des pans coupés, 4 millimètres.

7° ÉTAT-MAJOR DES LÉGIONS, CHEFS DE BATAILLON, LIEUTENANTS-COLONELS, COLONELS.

Habillement des gardes nationaux, sauf les distinctions suivantes :

Boutons à coq grenades brodées en argent au collet ; épaulettes à grosses torsades au mat et corps uni; contre-épaulette semblable au corps de l'épaulette pour le chef de bataillon; épaulettes à corps en or pour le lieutenant-colonel, et en argent pour le colonel.

Brides d'épaulettes brodées en cannetille et en argent, doublées en bleu.

Pantalon à dessous de pied.

Chaussure. — Bottes avec éperons plaqués en argent, vissés au talon, à tige droite et carrée, portant 40 millimètres.

Coiffure. — Schako d'uniforme, garni au bord supérieur, savoir : pour le chef de bataillon, d'un galon d'argent, de 35 millimètres, lézardé; pour le lieutenant-colonel, d'un semblable galon, mais en or, placé à la distance d'un millimètre d'un second galon en argent, de la largeur de 15 millimètres; pour le colonel, des deux galons ci-dessus, mais l'un et l'autre en argent. Cocarde en métal; plaque conforme au modèle déterminé pour les chasseurs; grenades aux attaches des jugulaires. Aigrette en plumes de héron blanc, de 250 millimètres de hauteur, y compris 50 millimètres de trois rangées de petites plumes de coq taillées en pointe, et présentant les trois couleurs nationales, rangées horizontalement : le bleu à la base, le rouge en haut; olive en torsade d'argent, de 27 millimètres de hauteur, formée de 15 torsades. Pompon d'état-major, à sphère bleue, flamme blanche extérieurement, écarlate à l'intérieur; bague écarlate.

Hausse-col d'uniforme, modèle de la troupe.

Armement.

Sabre à lame droite, se portant à belières. Le ceinturon sera le même que pour tous les autres grades.

MAJOR.

Même tenue que le chef de bataillon. Epaulette à droite.

Equipement du cheval des officiers supérieurs.

Selle anglaise, avec étriers en plaqué, tapis en drap bleu, à pointes, bordé d'un galon soubise en argent, de la largeur du grade pour le chef de bataillon et le major, et des galons du grade pour le lieutenant-colonel et le colonel. Fontes de pistolets recouvertes en peau d'ours. Bride anglaise avec mors droit, uni, en plaqué.

ADJUDANS-MAJORS.

Habillement comme celui des gardes nationaux, avec les différences suivantes :

Grenades d'argent au collet de la tunique. Pantalon des gardes nationaux.

Epaulettes en or du rang de capitaine et à petites torsades ; brides d'épaulettes en argent ; hausse-col d'uniforme.

Coiffure.

Schako semblable à celui de capitaine de chasseurs, distingué par le plumet tricolore en plumes de vautour, avec olive en blanc. Pompon d'état-major.

Armement.

Comme les autres officiers de la garde nationale.

PORTE-DRAPEAU.

Tenue conforme en tout à celle des sous-lieutenans de chasseurs. Grenades au collet ; plumet tricolore avec olive en laine blanche.

ADJUDANT-SOUS-OFFICIER.

Habillement des gardes nationaux. Epaulette en or sur l'épaule droite, contre-épaulette sur l'épaule gauche ; mêmes dimension, forme et travail, que pour les lieutenans et sous-lieutenans. Le corps de l'épaulette et celui de la contre-épaulette sont traversés dans toute leur longueur d'une raie en soie ponceau, de 40 millimètres tissée dans le galon. La frange de l'épaulette est de l'espèce dite à graine et non à torsades.

Armement des officiers.

Schako garni au bord supérieur d'un galon d'argent de 20 millimètres de hauteur, coupé au centre d'un fil de soie ponceau, de la largeur d'un millimètre. Plumet tricolore en plumes de vautour. Pompon d'état-major.

CONSEILS DE DISCIPLINE.

Tenue conforme à l'état-major de la légion, avec insignes du grade et le hausse-col. Schako avec le galon du grade. Pompon et plumet d'état-major.]

CHIRUGIENS-MAJORS ET AIDES-MAJORS.

Tenue conforme à celle des grades correspondans dans la troupe de ligne, sauf les |broderies, qui sont en argent.

TAMBOURS.

Tunique et pantalon des gardes nationaux. Galon en laine tricolore de 25 millimètres au collet, aux paremens et en écusson à la forme de la taille de la tunique.

TAMBOURS-MAÎTRES.

Habillement conforme à celui des tambours, avec galon aux manches, et épaulettes du grade de sergent de grenadiers. Les galons du collet, des manches et de la taille de la tunique seront en argent.

Coiffure. — Colback haut du devant de 290 millimètres, et de la partie opposée de 310 millimètres, du diamètre au sommet de 250 millimètres, avec flamme en drap écarlate, de la longueur de 450 millimètres ; gland de laine blanche de 55 millimètres ; plumet tricolore, conforme à celui de l'état-major, avec olive en laine blanche ; pompon d'état-major.

Armement. — Sabre-briquet suspendu à un baudrier. Canne d'uniforme.

TAMBOURS-MAJORS, SAPEURS, MUSIQUE.

Leur tenue sera réglée par le conseil d'administration de chaque légion. Toutefois les tambours-majors ne devront pas porter d'épaulettes semblables à celles qui servent de distinction de grade aux officiers.

GARDES NATIONAUX, SOUS-OFFICIERS ET OFFICIERS DE TOUS GRADES.

Col noir à liseré blanc et gants de coton blanc.

Art. 2. Toutes les parties de l'uniforme actuellement en usage qui ne seraient point conformes aux dispositions ci-dessus pourront être tolérées, pendant un an, à partir de la promulgation de la présente ordonnance. Après ce délai, toutes les prescriptions qu'elle contient seront obligatoires, aux termes de l'art. 19 de la loi du 14 juillet 1837.

Les nouveaux recensés ne seront pas admis à jouir de la tolérance d'une année accordée par le présent article.

Art. 3. Notre ministre secrétaire d'Etat au département de l'intérieur est chargé de l'exécution de la présente ordonnance.

Au palais des Tuileries, le 16 mars 1846.

LOUIS-PHILIPPE.

Par le Roi :
Le ministre secrétaire d'Etat au département
de l'intérieur.

T. DUCHATEL.

GARDE NATIONALE DU DÉPART. DE LA SEINE.

ÉTAT-MAJOR GÉNÉRAL.

ORDRE DU JOUR.

Paris, le 21 mars 1846.

Une ordonnance royale en date du 16 de ce mois vient de déterminer les modifications qu'il a reconnu nécessaire d'apporter à l'uniforme de la garde nationale du département de la Seine.

Ces modifications étaient sollicitées depuis long-temps, et ce n'est qu'après en avoir scrupuleusement étudié le besoin, discuté la convenance, apprécié et reconnu les avantages, qu'elles ont été proposées par une commission spéciale, composée de plusieurs chefs de légions et placée, par M. le Ministre de l'intérieur, sous la présidence du commandant supérieur.

L'ordonnance nouvelle, en ne prescrivant plus qu'une seule tenue, a concilié deux nécessités importantes, l'*uniformité* et l'*économie* ; elle conserve au nouvel uniforme tout ce qui caractérisait la nationalité de l'ancien, en le rendant plus commode et en le rapprochant autant que possible de celui de l'armée, à laquelle tant de liens puissans et de sentimens honorables unissent la garde nationale de la Seine ; elle maintient les couleurs, les insignes et la devise que la milice citoyenne a si dignement consacrées ; elle affermit enfin les principes d'égalité qui doivent régner dans ses rangs, et le rapport de M. le Ministre de l'intérieur au Roi, qui précède l'ordonnance réglementaire de l'uniforme nouveau, rend un compte fidèle des considérations dont elle s'est inspirée.

Le lieutenant général commandant supérieur espère que ses camarades de Paris et de la banlieue rendront justice à la sollicitude dont cette ordonnance est un haut témoignage, et qu'ils s'empresseront de se conformer à ses prescriptions ; pour les nouveaux recensés, c'est un devoir immédiat ; pour tous les autres, il est accordé un délai d'une année, à l'expiration duquel ils devront être pourvus du nouvel uniforme, sous peine d'encourir la pénalité prévue [par la loi du 14 juillet 1837. Mais c'est surtout aux bons sentimens dont les uns et les autres sont animés que le lieutenant général commandant supérieur fait un appel, afin que notre belle garde nationale ne perde que le moins long-temps possible cet aspect digne, imposant, uniforme, qui fait sa force et sa puissance morales. Il invoque aussi le concours de tous les officiers, à qui il recommande un respect sévère des dispositions de l'ordonnance nouvelle, son devoir, comme le leur, étant de n'y permettre aucune dérogation, sous quelque prétexte que ce puisse être.

Le lieutenant général commandant supérieur,
JACQUEMINOT.

LOI SUR LA GARDE NATIONALE

DU 22 MARS 1831

(Extrait).

TITRE Ier. — DISPOSITIONS GÉNÉRALES.

ART. 1er.—La garde nationale est instituée pour défendre la royauté constitutionnelle, la Charte et les droits qu'elle a consacrés ; pour maintenir l'obéissance aux lois, conserver ou rétablir l'ordre et la paix publique, seconder l'armée de ligne dans la défense des frontières et des côtes, assurer l'indépendance de la France et l'intégrité de son territoire.—Toute délibération prise par la garde nationnale sur les affaires de l'Etat, du département et de la commune, est une atteinte à la liberté publique et un délit contre la chose publique et la constitution.

ART. 2. — La garde nationale est composée de tous les Français, sauf les exceptions ci-après.

ART. 3. — Le service de la garde nationale consiste : — 1° En service ordinaire dans l'intérieur de la commune ; — 2° En service de détachement hors du territoire de la commune ;—3° En service de corps détachés pour seconder l'armée de ligne dans les limites fixées par l'art. 1er.

ART. 4.—4° Les gardes nationales seront organisées dans tout le royaume, elles le seront par commune.— Les compagnies communales d'un canton seront formées en bataillons cantonnaux lorsqu'une ordonnance du roi l'aura prescrit.

ART. 5. — Cette organisation sera permanente ; toutefois, le roi pourra suspendre ou dissoudre la garde nationale en des lieux déterminés. — Dans ces deux cas, la garde nationale sera remise en activité ou réorganisée dans l'année qui s'écoulera, à compter du jour de la suspension ou de la dissolution, s'il n'est pas intervenu une loi qui prolonge ce délai. — Dans le cas où la garde nationale résisterait aux réquisitions légales des autorités, ou bien s'immiscerait dans les actes dés autorités municipales, administratives ou judiciaires, le préfet pourra provisoirement la suspendre. — Cette suspension n'aura d'effet que pendant deux mois, si pendant cet espace de temps elle n'est pas maintenue, ou si la dissolution n'est pas prononcée par le roi.

ART. 6. — Les gardes nationales sont placées sous l'autorité des maires, des sous-préfets, des préfets et du ministre de l'intérieur. — Lorsque la garde nationale sera réunie en tout ou partie au chef-lieu de canton ou dans une autre commune que le chef-lieu du canton, elle sera sous l'autorité du maire de la commune où sa réunion aura lieu, d'après les ordres du sous-préfet ou du préfet. — Sont exceptés les cas déterminés par les lois où les gardes nationales sont appelées à faire dans leur commune ou dans leur canton un service d'activité militaire, et sont mises par l'autorité civile sous les ordres de l'autorité militaire.

ART. 7. — Les citoyens ne pourront ni prendre les armes, ni se rassembler en état de gardes nationales, sans l'ordre des chefs immédiats, ni ceux-ci donner cet ordre sans une réquisition de l'autorité civile, dont il sera donné communication à la tête de la troupe.

ART. 8. — Aucun officier ou commandant de poste de la garde nationale ne pourra faire distribuer des cartouches aux citoyens armés, si ce n'est en cas de réquisition précise ; autrement il demeurera responsable des événemens.

TITRE II.

SECTION Iʳᵉ. —*De l'organisation du service.*

ART. 9. — Tous les Français âgés de vingt à soixante ans, sont appelés au service de la garde nationale dans le lieu de leur domicile réel. Ce service est obligatoire et personnel, sauf les exceptions qui sont établies ci-après.

ART. 10. — Pourront être appelés à faire le service, les étrangers admis à la jouissance des droits civils, conformément à l'art. 13 du Code civil, lorsqu'ils auront acquis en France une propriété ou qu'ils y auront formé un établissement.

ART. 11. — Le service de la garde nationale est incompatible avec les fonctions des magistrats qui ont le droit de requérir la force publique.

ART. 12. — Ne seront pas appelés à ce service : — 1° Les ecclésiastiques engagés dans les ordres, les ministres des différens cultes, les élèves des grands séminaires et des facultés de théologie ; — 2° Les militaires des armées de terre et de mer en activité de service, ceux qui auront reçu une destination des ministres de la guerre ou de la marine, les administrateurs ou agens commissionnés des services de terre et de mer également en activité, les ouvriers des ports, des arsenaux et des manufactures d'armes, organisés militairement : ne sont pas compris dans cette dispense les commis et employés des bureaux de la marine au-dessous du grade de sous-commissaire ; — 3° Les officiers, sous-officiers et soldats des gardes municipale et autres corps soldés ; — Les préposés des services actifs, des douanes, des octrois, des administrations sanitaires, les gardes champêtres et forestiers.

ART. 13. — Sont exceptés du service de la garde nationale les concierges des maisons d'arrêts, les geôliers, les guichetiers et autres agens subalternes de justice ou de police. — Le service de la garde

nationale est interdit aux individus privés de l'exerçice des droits civils conformément aux lois. — Sont exclus de la garde nationale :
— 1° Les condamnés à des peines afflictives ou infamantes; — 2° Les
condamnés en police correctionnelle pour vol, escroquerie, pour ban-
queroute simple, abus de confiance, pour soustraction commise par des
dépositaires publics et pour attentats aux mœurs, prévus par les articles 331 et 334 du code pénal; — Les vagabonds ou gens sans aveu,
déclarés tels par jugement.

ART. 14. — Les Français appelés au service de la garde nationale seront inscrits sur un registre matricule établi dans chaque commune.—
A cet effet des listes de recensement seront dressées par le maire, et
révisées par un conseil de récensement comme il est dit ci-après. —
Ces listes seront déposées au secrétariat de la mairie. Les citoyens
seront avertis qu'ils peuvent en prendre connaissance.

ART. 15. — Il y aura au moins un conseil de recensement par commune. — Dans les communes rurales et dans les villes qui ne forment
pas plus d'un canton, le conseil municipal, présidé par le maire, remplira les fonctions de conseil de recensement. — Dans les villes qui
renferment plusieurs cantons, le conseil municipal pourra s'adjoindre
un certain nombre de personnes choisies à nombre égal dans les divers quartiers parmi les citoyens qui sont ou qui seront appelés à faire
le service de la garde nationale. — Le conseil municipal et les membres adjoints pourront se subdiviser, suivant les besoins, en autant
de conseils de recensement qu'il y aura d'arrondissemens. — Dans ce
cas, l'un des conseils sera présidé par le maire ; chacun des autres le
sera par l'adjoint ou le membre du conseil municipal délégué par le
maire. — Les conseils seront composés de huit membres au moins.
— A Paris, il y aura par arrondissement un conseil de recensement,
présidé par le maire de l'arrondissement, et composé de huit membres choisis par lui, comme il est dit au troisième paragraphe de cet
article.

ART. 16.— Le conseil de recensement procédera immédiatement à
la révision des listes et à l'établissement du registre matricule.

ART. 17.— Au mois de janvier de chaque année, le conseil de recensement inscrira au registre matricule les jeunes gens qui seront
entrés dans leur vingtième année pendant le cours de l'année précé-
dente, ainsi que les Français qui auront nouvellement acquis leur
domicile dans la commune; il rayera dudit registre les Français qui
seront entrés dans leur soixantième année pendant le cours de la
même année, ceux qui auront changé de domicile et les décédés. —
Toutefois, le service ne sera pas exigé avant l'âge de vingt ans
accomplis.

ART. 18.— Dans le courant de chaque année, le maire notera, en
marge du registre matricule, les mutations provenant : 1° des décès ;
2° des changemens de résidence ; 3° des actes en vertu desquels

les personnes désignées dans les articles 11, 12 et 13 auraient cessé d'être soumises au service de la garde nationale ou en seraient exclues. Le conseil de recensement, sur le vu des pièces justificatives, prononcera, s'il y a lieu, la radiation. Le registre matricule déposé au secrétariat de la mairie sera communiqué à tout habitant de la commune qui en fera la demande au maire.

TITRE III. — DU SERVICE MILITAIRE.

SECTION Ire. — *De l'inscription au contrôle du service ordinaire et de la réserve.*

ART. 19.— Après avoir établi le registre matricule, le conseil de recensement procédera à la formation du contrôle de service ordinaire et du contrôle de réserve. Le contrôle du service ordinaire comprendra tous les citoyens que le conseil de recensement jugera pouvoir concourir au service habituel. Néanmoins, parmi les Français inscrits sur le registre matricule, ne pourront être portés sur le contrôle du service ordinaire que ceux qui sont imposés à la contribution personnelle, et leurs enfans lorsqu'ils auront atteint l'âge fixé par la loi, ou les gardes nationaux non imposés à la contribution personnelle, mais qui, ayant fait le service postérieurement au 1er août dernier, voudront le continuer. Le contrôle de réserve comprendra tous les citoyens pour lesquels le service habituel serait une charge trop onéreuse, et qui ne devront être requis que dans les circonstances extraordinaires.

ART. 20.— Ne seront pas portés sur les contrôles du service ordinaire les domestiques attachés au service de la personne.

ART. 21.— Les compagnies et subdivisions de compagnies sont formées sur les contrôles du service ordinaire. Les citoyens inscrits sur les contrôles de réserve seront répartis à la suite desdites compagnies ou subdivisions de compagnies, de manière à pouvoir y être incorporés au besoin.

ART. 22.— Les inscriptions et les radiations à faire sur les contrôles auront lieu d'après les règles suivies par les inscriptions et radiations opérées sur les registres matricules.

ART. 23. — Il sera formé à la diligence du juge de paix, dans chaque canton, un jury de révision composé du juge de paix, président, et de douze jurés désignés par le sort, sur la liste de tous les officiers, sous-officiers, caporaux et gardes nationaux sachant lire et écrire et âgés de plus de vingt-cinq ans. — Il sera dressé une liste par commune, de tous les officiers, sous-officiers, caporaux et gardes nationaux ainsi désignés; le tirage définitif des jurés sera fait sur l'ensemble de ces listes pour tout le canton.

ART. 24. — Le tirage des jurés sera fait par le juge de paix en audience publique. Les fonctions de juré et celles de membre du conseil de recensement sont incompatibles. — Les jurés seront renouvelés tous les six mois.

ART. 25. — Ce jury prononcera sur les réclamations relatives : 1° A l'inscription ou à la radiation sur les registres matricules, ainsi qu'il est dit art. 14; — 2° A l'inscription ou à l'omission sur le contrôle du service ordinaire. — Seront admises les réclamations des tiers gardes nationaux sur qui retomberont la charge du service. Ce jury exercera en outre les attributions qui lui seront spécialement confiées par les dispositions subséquentes de la présente loi.

ART. 26. — Le jury ne pourra prononcer qu'au nombre de sept membres au moins y compris le président. Ses décisions seront prises à la majorité absolue et ne seront susceptibles d'aucun recours.

SECTION II. —*Des remplacemens, des exemptions, des dispenses du service ordinaire*

ART. 27. — Le service de la garde nationale étant obligatoire et personnel, le remplacement est interdit pour le service ordinaire, si ce n'est entre les proches parens; savoir : du père par le fils, du frère par le frère, de l'oncle par le neveu, et réciproquement, ainsi qu'entre alliés au même degré, à quelque compagnie ou bataillon qu'appartiennent les parens et les alliés. — Les gardes nationaux de la même compagnie, qui ne sont ni parens ni alliés aux degrés ci-dessus désignés, pourront seulement échanger leur tour de service.

ART. 28. — Peuvent se dispenser du service de la garde nationale, nonobstant leur inscription : 1° Les membres des deux chambres ; — 2° Les membres des cours et tribunaux ; — 3° Les anciens militaires qui ont cinquante ans d'âge et vingt années de service ; — 4° Les gardes nationaux ayant cinquante-cinq ans ; — 5° les facteurs de poste aux lettres, les agens des lignes télégraphiques et les postillons de l'administration des postes reconnus nécessaires au service.

ART. 29. — Seront dispensés du service ordinaire les personnes qu'une infirmité met hors d'état de faire le service. Toutes ces dispenses et toutes les autres dispenses temporaires demandées pour cause d'un service public seront prononcées, par le conseil de recensement sur le vu des pièces qui en constatent la nécessité. — Les absences constatées seront un motif suffisant de dispense temporaire. — En cas d'appel, le jury de révision statuera.

LOI DU 14-22 JUILLET 1837.

[SECTION Ire. — *De l'organisation du service.*

ART. 1er.—Tout Français appelé par la loi du 22 mars 1831 au service de la garde nationale, est tenu à ce service dans le département de la Seine : 1° Lorsqu'il y a son domicile réel ; 2° lorsqu'il y réside habituellement une partie de l'année, et ce, nonobstant son inscription sur les registres matricules d'un autre département. — Dans ces deux cas, le service est dû dans la commune, ou à Paris dans l'arrondissement municipal où le garde national a sa principale habitation.

SECTION II. — *De l'inscription au regisire matricule et sur les contrôles du service ordinaire et de la réserve.*

ART. 2.—Dans l'étendue du département de la Seine, tous les Français appelés par la loi au service de la garde nationale, et qui ne sont pas portés sur le registre matricule, sont tenus de se faire inscrire à la mairie de leur résidence. — Cette inscription devra être faite dans les deux mois de prolongation de la présente loi, ou de l'accomplissement des conditions qui rendent obligatoire le service de la garde nationale. — Ce délai ne courra, pour les Français âgés de moins de vingt-un ans, que du jour où ils auront satisfait à la loi de recrutement. — En cas de changement de résidence, la déclaration à fin d'inscription devra être faite, dans le même délai, à la mairie de l'arrondissement municipal ou de la commune de la nouvelle résidence. — Tout Français qui ne se sera pas conformé aux dispositions précédentes, et dont l'inscription d'office au contrôle du service ordinaire sera devenue définitive, sera, par ce seul fait, constituée en état de refus de service, et renvoyé par le maire devant le conseil de discipline, qui pourra le condamner à un emprisonnement d'un jour au moins, de cinq jours au plus. — Ne seront pas tenus de se faire inscrire les citoyens exceptés ou dispensés du service par les articles 11, 12, 13, 20, 28 et 29 de la loi du 22 mars 1831. — Les dispositions du paragraphe 3 de l'article 19 de ladite loi ne seront pas applicables à la ville de Paris.

ART. 3.— Le registre matricule et les contrôles du service ordinaire et de réserve seront déposés au secrétariat de chaque mairie; il en sera donné communication à tout habitant sur sa demande.

ART. 4.—A Paris il y aura par arrondissement un conseil de recensement composé de seize membres nommés par le maire, qui devra choisir, en nombre égal pour chaque bataillon, parmi les officiers, sous-officiers, caporaux et délégués de la légion. — Ce conseil sera renouvelé tous les six mois par moitié. — Le renouvellement semestriel qui suivra chaque composition intégrale du conseil s'opérera par un tirage au sort fait par le maire en conseil de recensement. — Les membres sortans pourront être nommés de nouveau. — Le conseil sera présidé par le maire ou par un adjoint; en cas de partage, le président aura voix prépondérante.— Le conseil ne pourra délibérer qu'au nombre de neuf membres au moins, y compris le président.—Lorsque le maire le jugera utile, le conseil de recensement sera divisé en deux sections, composées chacune de huit membres; chaque section ne pourna délibérer qu'au nombre de cinq membres au moins, y compris le président. — En cas de dissolution de la légion, le maire désignera, pour la réorganisation, les membres d'un conseil de recensement provisoire, qui cessera ses fonctions au moment de l'entrée en exercice du conseil nommé, ainsi qu'il est dit au présent article.

ART. 5. —A Paris les membres du conseil de recensement pourront se dispenser du service. — Après trois absences consécutives, ils seront considérés comme démissionnaires, et immédiatement remplacés par le maire, s'ils ne justifient d'empêchement légitime.

ART. 6.—Les douze membres de chaque jury de révision, et six suppléans, seront tirés au sort sur la liste des officiers, sous-officiers, caporaux et délégués en fonctions, qui réuniront les condit ons exigées par l'article 23 de la loi du 22 mars 1831. — Cette liste sera réduite, par le préfet, à deux cents noms sur lesquels le tirage aura lieu, à Paris, par arrondissement, et dans la banlieue par canton. — Les membres désignés par le sort seront rayés de la liste et ne pourront y être rétablis qu'après les élections générales.—En cas d'absence sans motif légitime, les membres du jury de révision seront passibles d'une amende de 5 à 15 francs, prononcée, séance tenante, par le président du jury. — Nul ne peut en même temps faire partie d'un conseil de recensement et d'un jury de révision.

ART. 7.— Il y aura près de chaque jury de révision un rapporteur, ayant rang de capitaine, et un rapporteur-adjoint ayant rang de lieutenant. Ils seront nommés par le roi, et pour trois ans; ils feront partie de l'état-major de la légion. Le greffier du juge de paix remplira les fonctions de secrétaire.

ART. 8.— A Paris, la circonscription des bataillons et des compagnies sera réglée, dans chaque arrondissement, par le maire sous l'approbation du préfet.

SECTION III. — *Des nominations aux grades.*

ART. 9.— A Paris, il y aura deux chefs de bataillon par bataillon dans chaque légion, quel que soit le nombre d'hommes qui composent ce bataillon.

ART. 10.— Dans le département de la Seine, les officiers de compagnie, les porte-drapeaux et chefs de bataillon ne peuvent être choisis qué dans la circonscription de la légion. Les chefs de légion et lieu-tenans-colonels peuvent l'être dans toute l'étendue du département.

Art. 11. — Les chirurgiens-majors devront être choisis et résider dans la circonscription de la légion, et les chirurgiens aides-majors dans la circonscription du bataillon.

Art. 12. — Sont exceptés des dispositions des articles 10 et 11 les officiers en fonctions au moment de la promulgation de la présente loi ; ils pourront être réélus dans les légions, bataillons et compagnies auxquels ils appartiennent.

Art. 13. — Les délégués seront élus sur bulletins de liste et à la majorité relative immédiatement après les officiers.

Art. 14. — Sauf le cas d'élections générales ou de dissolution, lorsque les gardes nationaux seront convoqués pour une élection, cel-le-ci ne sera valable qu'autant que le tiers plus un des gardes na-tionaux convoqués y auront pris part. Le scrutin sera immédiate-ment clos après l'appel et le réappel, et le bureau ne procédera au dépouillement que si le nombre des votes est égal au tiers plus un des inscrits. Si le nombre des gardes nationaux présens est inférieur au tiers plus un, il sera procédé à l'élection par les officiers, sous-offi-ciers, caporaux et délégués existans dans la compagnie. Les sergens-majors et fourriers seront élus sur bulletins individuels ; les sergens et caporaux, sur bulletins de liste. Dans les deux cas, l'élection aura lieu à la majorité relative.

Art. 15. — Dans l'intervalle d'une élection générale à l'autre, le remplacement des officiers, sous-officiers, caporaux et délégués aura lieu selon les besoins du service.

Art. 16. — Toutes les élections seront faites sous la présidence du maire ou d'un adjoint, assisté de deux membres du conseil de recen-sement.

SECTION IV. — *Ordre du service ordinaire.*

Art. 17. — Une ordonnance royale réglera ce qui est relatif au service ordinaire, aux revues, aux exercices et aux prises d'armes.

Art. 18. — L'organisation et l'ordre de bataille des sapeurs-pom-piers et de la garde à cheval de la banlieue, ainsi que des sapeurs-porte-haches et de la musique des légions du département de la Seine, seront réglés par une ordonnance royale.

SECTION V. — *De la discipline.*

Art. 19. — Dans le département de la Seine, l'uniforme et l'équi-pement sont obligatoires pour tout garde national qui n'en est pas dispensé par le conseil de recensement. Les décisions du conseil de recensement pourront être déférées par la voie d'appel au jury de ré-vision. Il est interdit à tout chef de légion, officier supérieur ou commandant quelconque, d'autoriser une modification à l'uniforme et à l'équipement réglés par ordonnance royale. L'infraction au premier paragraphe du présent article sera considérée comme refus de service d'ordre et de sûreté, et punie des mêmes peines.

ART. 20.—Dans le département de la Seine, seront considérés comme services commandés et obligatoires, sous les peines portées en l'art. 89 de la loi du 22 mars 1831, non seulement le service auquel on aura été appelé dans la forme ordinaire, mais encore les prises d'armes pour service d'ordre et de sûreté, annoncées par voie de rappel, ainsi que toute réunion pour inspection d'armes. L'arrivée tardive au poste, l'absence du poste sans autorisation et l'absence autorisée au delà du terme fixé pourront être considérés et punis comme refus de service.

ART. 21. — Les infractions au service commises par les majors et adjudans-majors soldés seront punis des peines suivantes : — Des arrêts simples ; — des arrêts forcés avec remise d'armes. — En aucun cas, ces arrêts n'excéderont trois jours.—Les arrêts simples pourront être appliqués par les officiers supérieurs en grade auxdits majors et adjudans-majors.— Les arrêts forcés ne seront prononcés que par le commandement supérieur.

ART. 22,— Pour les délits prévus par les art. 82, 87 et 89 de la loi du 22 mars 1831, les tambours-majors, tambours-maîtres, tambours et trompettes, pourront être punis, par tout officier sous les ordres duquel ils se trouvent, de la prison pour un temps qui n'excédera pas trois jours. —Pour une peine plus forte, il en sera référé au chef de légion, qui ne pourra cependant pas infliger la prison pour plus de quinze jours.

ART. 23.—Le conseil supérieur de discipline du département de la Seine sera composé du commandant supérieur, président, ou d'un officier général délégué par lui ;—de deux colonels ou lieutenans-colonels, de deux chefs de bataillon ou d'escadron, de deux capitaines.— Lorsqu'il s'agira de juger des officiers de l'état-major général, les colonels, lieutenans-colonels, chefs de bataillon ou d'escadron et capitaines composant le conseil, seront pris dans l'état-major ; ils seront pris dans les légions lorsqu'il s'agira de juger les officiers des légions. —A cet effet, il sera formé deux tableaux par grade de colonels, lieutenans-colonels, chefs de bataillon ou d'escadron et capitaines : l'un desdits tableaux pour les officiers des légions, et l'autre pour les officiers de l'état-major général.—Les juges du conseil supérieur de discipline seront désignés par la voie du sort.—Il sera procédé au tirage en séance publique par le préfet.— Les juges seront renouvelés tous les ans.—Les membres sortans seront rayés du tableau et ne pourront y être rétablis qu'après les élections générales, à moins d'épuisement des noms portés audit tableau. — Le rapporteur près ce conseil aura rang de chef de bataillon, et le secrétaire rang de capitaine.— Ce rapporteur sera nommé par le roi et pour trois ans ; il fera partie de l'état-major général.

Art. 24.—Dans le département de la Seine, le tableau des membres du conseil de discipline, dont il est question dans l'art. 105 de la loi du 22 mars 1831, sera formé des officiers, de la moitié des sous-officiers, du quart des caporaux et de pareil nombre de gardes nationaux désigné par le maire, en nombre égal dans chaque compagnie.—Il sera complété tous les ans, en conservant le rang des premiers inscrits.

DISPOSITIONS GÉNÉRALES.

Art 25. — Toute opposition à une décision du conseil de recensement rendue par défaut, devra être formée dans la huitaine de la notification. — Le conseil de recensement pourra relever le défaillant du délai d'opposition. — L'appel des décisions du conseil de recensement devant le jury de révision ne sera recevable qu'autant qu'il aura été interjeté dans la quinzaine de la décision contradictoire, ou de la notification des décisions rendues par défaut ou sur l'opposition. — Les contestations élevées sur les élections devront être soumises au jury de révision. Ce recours ne sera admissible que s'il est formé par un garde national qui, ayant participé à l'élection, aurait fait connaître, séance tenante, au bureau, ou dans les trois jours, à la mairie, la nature de ses réclamations. — Le préfet, à Paris, et les sous-préfets pourront, dans tous les cas et dans les mêmes délais, recourir devant le jury de révision.

Art. 26. — Toute décision des jurys de révision pourra être déférée au conseil d'état pour incompétence, excès de pouvoir ou violation de la loi.

Art. 27. — La contrariété des décisions rendues en dernier ressort, en différens conseils de recensement ou jurys de révision, pour l'application de la présente loi, ainsi que de la loi du 22 mars 1831, donnera également ouverture à un recours devant le conseil d'état.

Art. 28. — Dans les cas de suspension ou de dissolution prévus par l'art. 5 de la loi du 22 mars 1831, le préfet du département de la Seine pourra ordonner le dépôt des armes dans un lieu déterminé, sous les peines portées par l'art. 3 de la loi du 24 mai 1834.

Art. 29. — Continueront d'être exécutoires, pour le département de la Seine, toutes les dispositions de la loi du 22 mars 1831, qui ne sont pas contraires à la présente loi.